MAURIZIO CASSANDRA

METODO DI BASE PER VIOLINO
(SCUOLA RUSSA)
VOL. 1

Edizioni Musicali
GDE

ISBN 978-88-99225-04-9
MV16MCV1

PREFAZIONE

In seguito agli ottimi risultati didattici, da me ottenuti, con l'applicazione della scuola violinistica russa, nell'insegnamento del violino all'interno delle scuole medie ad indirizzo musicale, ho pensato fosse cosa utile per lo sviluppo di tale specifico insegnamento, scrivere un libro di testo basato sul sistema russo.

Questo sistema utilizza nei primi anni di studio, melodie popolari russe (che io ho sostituito con melodie di ogni genere, famose qui in Italia) e utilizza il proprio corpo come uno strumento, per ottenere il "bel suono".

In particolare tutti i movimenti atti al suonare, dovranno essere preceduti da movimenti preparatori (nei cambi di corda, nei cambi d'arco e nei cambi di posizione), ciò per eliminare i movimenti a scatto e rendere il modo di suonare più armonioso.

Importante, anche, è saper comandare con il cervello solo i muscoli che in un determinato contesto è necessario utilizzare, rilassando gli altri muscoli, che nello stesso contesto, non servono.

PRESENTATION OF THE BOOK

Very pleasant violin method for beginners; in a few months the student will be able to play famous melodies, (like as Jngle bells, Vivaldi's Autumn, Fra Martino, Oh Susanna, Schubert's Ave Maria, Charpentier's Te Deum, etc.), and then in a quick way, the student will know the five positions, playing nice melodies.

Russian school as a basic principle, it has to prepare all the movements, to arrive to play fluently. The student will be able to prepare bow changes, string changes and position changes.

ESERCIZI PER UNA GIUSTA E NATURALE IMPOSTAZIONE
EXERCISES TO HAVE RIGHT AND NATURAL BODY POSITION

Distribuire il peso del corpo su entrambi i piedi, irrigidire i glutei in modo da avere un'unica linea fra la parte più bassa della colonna vertebrale e la parte più alta. Collocare il violino sulla clavicola, lateralmente rispetto al corpo, ruotare la testa verso il violino; lasciar cadere liberamente la testa con il suo peso naturale sulla mentoniera, in modo da sorreggere il violino senza alzare la spalla (se la distanza fra fondo del violino e spalla dell'allievo è molta, bisogna usare una spalliera su misura). Collocare la mano sinistra in modo da sorreggere il violino, sopra la seconda falange dell'allievo pollice e sotto la seconda falange dell'indice. Suonando all'inizio della tastiera (prima posizione), il polso deve cadere leggermente all'indietro; l'articolazione delle dita sulla tastiera deve partire dalla prima falange (nocche delle dita): alzare le dita caricandole come una molla e lasciarle cadere usando il loro peso naturale, per abbassare il 2° dito alzare contemporaneamente il 3° e 4° dito; per abbassare il 3° dito alzare contemporaneamente anche il 4° dito; per abbassare qualsiasi dito isolatamente caricare (molla) anche tutte le dita che non poggiano sulla tastiera. (Foto 1-2-3)

Put your heavy in equal manner on your feet, make stiff your glutaeuses as to have a right line between the bottom of the vertebral column and the tip one.
Put the violin on the collarbone, sideways to the body, turn the head toward the violin; put down your head, with is natural heavy on the chinrest, and take the violin, without raising the shoulder (if the distance between the bottom of the violin and the shoulder is too wide, the student needs a right shoulder-rest). Put the left hand, to support the violin, up the second phalanx of the thumb and down the second phalanx of the index finger. Playing to the begin of the fingerboard (1st position), the wrist must be a little rewind, the articulation of the fingers on the fingerboard, must begin from 1st phalanx (knuckles of the fingers): put up the fingers as a spring and make them down to the fingerboard, with their natural heavy, to put down 2nd finger, put up also 3rd and 4th finger;to put down 3rd finger, put up also 4th finger; to put down any finger, put up as a spring, all the fingers that are not on the fingerboard.
(Photos 1-2-3)

Posizione della mano in 1ª posizione

Alzare le dita caricandole come una molla, per poi lasciarle cadere col loro peso naturale

Il 1° dito poggia sulla tastiera, le altre dita si alzano prima di aiutare a cadere sulla tastiera il 2° dito

ESERCIZIO PER MANTENERE IL GIUSTO EQUILIBRIO DELL'ARCO SULLE CORDE
EXERCISES TO HAVE A RIGHT EQUILIBRIUM OF THE BOW ON THE STRINGS

Suonando alla metà, le corde LA, RE, SOL, sorreggono gran parte del peso dell'arco, il quale va tenuto in equilibrio con uno spreco minimo di energia; sulla corda MI, la mano destra deve partecipare in modo più attivo per mantenere in equilibrio l'arco, in quanto esso si muove quasi verticalmente rispetto alla corda e quindi il suo peso non è completamente sostenuto dalla corda stessa.

Playing at the middle, strings A, D, G, support the greatest part of the bow heavy; so you can take the bow equilibrium, with minimun energy; on E string instead, right arm must participate in a more active way to take bow equilibrium, because it moves itself vertically respect to the E string, so the bow heavy is not completely supported by the string itself.

COME SOSTENERE L'ARCO NEI TRE PUNTI FONDAMENTALI: METÀ, TALLONE, PUNTA.
HOW TO SUPPORT THE BOW IN THE THREE FUNDAMENTAL POINTS: AT THE MIDDLE, AT THE FROG AND AT THE TIP.

Partendo con il braccio destro lungo il corpo, alzarlo lasciando cadere il polso, poggiare la mano sull'arco arrotondando le dita e pensando di avere una piccola pesca matura fra le dita; se la presa è troppo forte la pesca si scioglie, se è troppo debole cade a terra. Il mignolo dovrà essere piegato al tallone ed alla metà, disteso alla punta; il punto di contatto dell'indice sull'arco sarà sulla terza falange al tallone e dopo la seconda falange, alla punta.
Il cambio del punto di contatto dell'indice avviene gradatamente dal tallone alla punta e viceversa. (Foto 4-5-6-7-8-9)

Foto 4
Posizione del braccio destro al tallone

Starting with right arm down, lined with the body, put up the arm and put the wrist down in a natural way, then put the hand on the bow with the fingers curved as to have in the hand a little ripe peach; if you take the bow in a strong way the peach melts, if you take the bow in a passive way, the peach goes down. The little finger must be curved at the frog and at the middle and stretched out at the tip; the contact point of the index finger on the bow must be on 3rd phalanx at the frog and above the 2nd phalanx at the tip. The change of contact point of index, must be done gradually from the frog to tip and back again. (Photos 4-5-6-7-8-9)

Foto 5
Posizione del polso al tallone (esso è leggermente sopra le nocche)

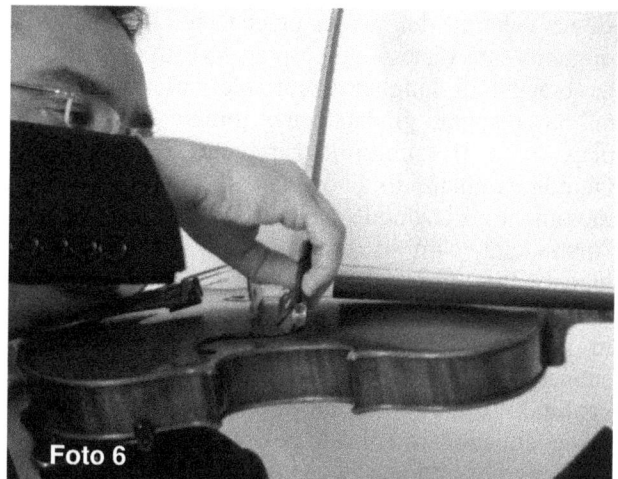
Foto 6
Posizione delle dita al tallone (esse sono arrotondate)

MV16MCV1

6

CAMBI DI CORDA E CAMBI D'ARCO
STRING CHANGES AND BOW CHANGES

Tutti i cambi di corda devono essere preparati abbassando o alzando il gomito ed il braccio, il polso accompagna tale movimento. Questo movimento, in senso verticale, serve ad avvicinare i crini dell'arco alla corda successiva, per cui a questo punto basta pensare ad un movimento orizzontale del braccio ed il cambio di corda avviene senza scosse. Sarà bene usare, sulla corda d'arrivo, meno peso d'arco in modo da avere uguaglianza di suono rispetto alla nota che precede il passaggio di corda. Riguardo il cambio dell'arco al tallone ed alla punta, vale come regola generale, pensare di non aumentare o diminuire la velocità dell'arco, ma cambiare con la stessa velocità d'arco dell'arcata precedente.

All the string changes must be prepared, putting down or putting up the elbow and the arm, wrist follows this movement. This vertical movement is important to hold the hair of the bow, close to next string, so you have to do an horizontal movement of the bow and you can make the string change without any shakes. Use minus bow heavy, on the arrive string, to have sound equilibrium between two notes of string change. About bow change at the frog and at the tip,the general principle, is to change bowing with the same bow speed of the precedent bowing,then be careful there is not any change of bow speed during the change.

COME CONDURRE L'ARCO IN ARCATE LENTE TUTTO ARCO
HOW TO TAKE THE BOW, IN SLOW BOWING WITH THE WHOLE BOW

Partire al tallone, non con l'arco alla corda, ma facendo un piccolo levare mediante un semicerchio del gomito e del braccio. Prima di suonare l'arco deve essere sostenuto in aria ad una distanza dalla corda che varia a seconda se si vuole suonare forte o piano (nel piano il movimento preparatorio sarà più piccolo che nel forte). Mentre l'arco è in aria bisogna sostenerlo con il minimo della forza, fra pollice, mignolo ed indice che può leggermente agganciarsi alla bacchetta. Subito dopo l'inizio del suono l'indice si rilassa. Appena l'arco tocca la corda bisogna pensare ad un movimento orizzontale che mette in vibrazione la corda in modo naturale. Dal tallone alla metà, il gomito deve essere leggermente sotto il polso. Poi gradatamente dalla metà alla punta, il gomito viene alzato leggermente per supplire al minor peso dell'arco e per anticipare il movimento in su, mentre la mano ed il polso continuano a suonare il movimento in giù. Il cambio d'arco avviene alla stessa velocità dell'arcata precedente. Alla punta il mignolo sarà disteso e non piegato (questo vale per un braccio di lunghezza normale); nel ritornare al tallone bisogna gradatamente tornare sul mignolo piegato ed il gomito leggermente sotto il polso. Quindi cambiare di nuovo arcata pensando ad un movimento orizzontale e ad un'unica velocità d'arco. Anche nel cambio d'arco al tallone abbassare leggermente il gomito serve a rendere il cambio morbido, in quanto il gomito anticipa il movimento in giù, mentre la mano e il polso continuano a suonare il movimento in su (negli ultimi dieci centimetri d'arco). Per ottenere uguaglianza di suono bisognerà suonare col solo peso dell'arco al tallone e con maggior appoggio della mano e del braccio, alla punta.

Start at the frog with the bow on air doing a little semicircle with the hand, elbow and arm. Before playng, the bow must be on air, in a distance that changes if someboby whishes to play forte or piano (in piano playing the preparatory movement, will be smaller,than in forte playing). While the bow is on air, we must take it with little energy, with thumb, little finger and index, that can hook itself a little to the bow wood. When you begin the sound, the index will be relaxed. When the bow touch the string, you have to use an horizzontal movement, that create vibration in the string in a natural way. From the frog to the middle, the elbow must be a little under the wrist. Than gradually, from the middle to the tip, the elbow must be a little raised to compesate the smaller bow heavy, and to anticipate the up bowing, while the hand and the wrist are playing still down bowing direction. You have to do the bow change at the same speed of precedent bowing. At the tip the little finger must be stretched out, and it is not curved (this example is for normal arm length); when you go back to the frog, the little finger must be gradually curved, with the elbow a little under the wrist. Now change bow at the frog use an horizzontal movement (in the last 10 cm of the bow). To have an homogeneous sound, you have to play with the only bow heavy at the frog and with a support of the hand and arm at the tip of the bow

Foto 7
Dal tallone alla metà il gomito spinge
indietro

Foto 8
Alla metà braccio ed avanbraccio sono ad
angolo retto. Dalla metà alla punta il gomito
spinge avanti aprendo il braccio

Foto 9
Posizione del bracciodestro alla punta

FISIOLOGIA DELL'ARTICOLAZIONE DEL GOMITO IN ARCATE CON TUTTO L'ARCO
FISIOLOGY ARTICULATION OF THE ELBOW, PLAYING WITH THE WHOLE BOW

Arcata in giù: dal tallone fino a poco prima della metà, il gomito, fa un movimento all'indietro, subito dopo dalla metà alla punta, fa un movimento in avanti e mediante l'articolazione del gomito stesso, il braccio viene gradatamente steso ed aperto (Foto 7-8-9). Arcata in su: dalla punta alla metà, il gomito, va un po' indietro per portare il braccio e l'avambraccio ad angolo retto, dalla metà al tallone, il gomito, spinge in avanti (Foto 7bis-8bis-9bis). Tutto questo va fatto, con braccia di grandezza normale, per mandare l'arco perfettamente parallelo al ponticello.

Down bowing: from the frog to a little before the middle, the elbow pushed back, after this, from the middle to the tip, the elbow pushed on, so the arm will be stretched out and opening, utilizing the articulation of the elbow itself (Photos 7-8-9). Up bowing: from the tip to the middle, the elbow goes a little back, to have the arm and the forearm in a right angle at the middle, from the middle to the frog, the elbow pushes on (Photos 7bis-8bis-9bis). This is the way to have always a parallel bow to the bridge, with a normal arm length.

Foto 7 bis
Dalla punta alla metà il gomito spinge
indietro portando il braccio ad angolo
retto

Foto 8 bis
Alla metà braccio ed avanbraccio sono ad
angolo retto. Dalla metà al tallone il gomito
spinge avanti

Foto 9 bis
Posizione del braccio destro al tallone

IL MOVIMENTO DI PIEGAMENTO E DISTENSIONE DELLE DITA DELLA MANO DESTRA
THE CURVED AND STRETCHED OUT MOVEMENT OF RIGHT HAND FINGERS

Quando l'arco parte dal tallone tutte le dita sono arrotondate, man mano che si procede verso la punta, esse si distendono (in una mano di grandezza normale). Nell'arcata in su, si ha il procedimento contrario, come se si volesse riprendere nel palmo della mano una piccola pesca matura. Il movimento di piegamento e distensione della dita si usa anche nel detachè classico e romantico, (meno in quello barocco), allorché nel movimento in giù, le dita sono piegate e si cominciano a distendere poco prima dell'arcata in su (che si fa con le dita distese), per poi ripiegarsi poco prima della nuova arcata in giù. Questo per articolare i movimenti su e giù e rendere il suono morbido e bello. (Foto 10-11-12)

When we are with the bow at the frog all fingers are curved, but while we are proceding toward the tip, the fingers stretch out themselves. (with a normal arm length). During the up bowing, we have a diametrically opposed movement, as if you want to take a ripe peach in your pal hand. The curved and stretched out movements of right hand fingers, must be used also during the performance of classic and romantic detachè (less in the baroque one); during down detachè bowing, the fingers are curved and they begin to stretch out themselves, just before the up bowing begins (you have to do the up bowing with the fingers stretched out), then you have to curve again the fingers just before the down bow begins. These movements must be done, to have a nice and soft sound, and to have a good articulation between, up and down bowing. (Photos 10-11-12)

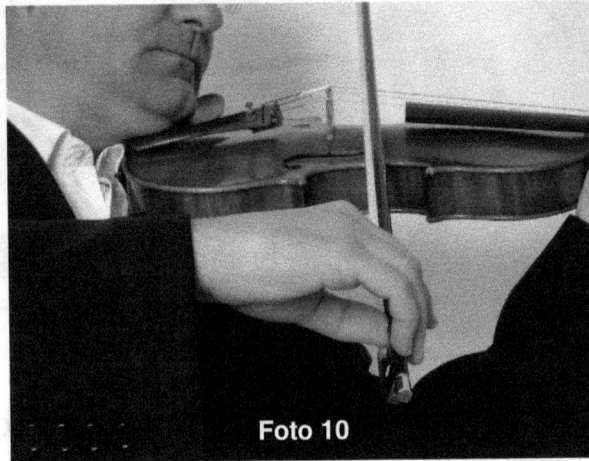

Foto 10

Posizione del pollice e del mignolo alla metà dell'arco, (essi sono ancora leggermente arrotondati)

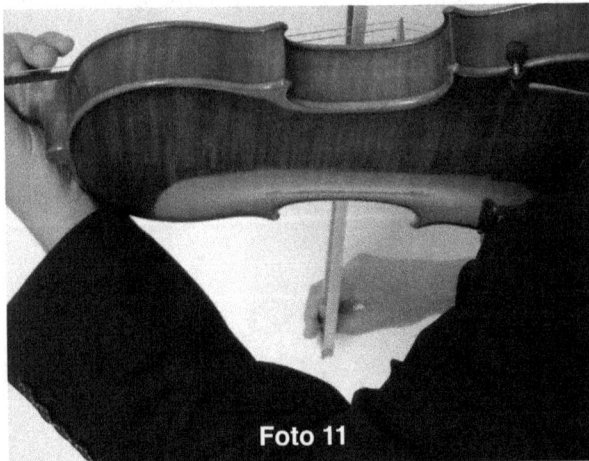

Foto 11

Posizione del pollice alla punta (esso è disteso)

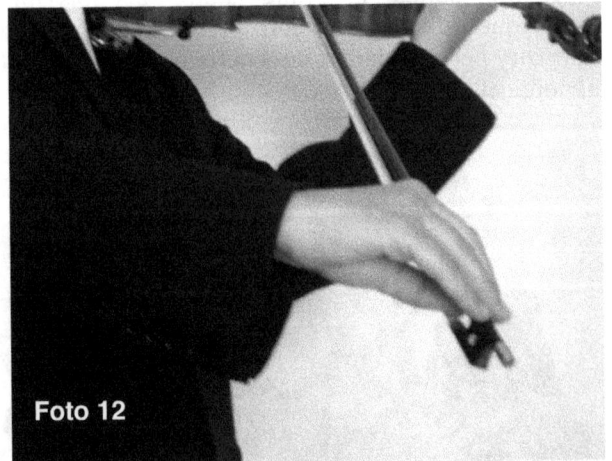

Foto 12

Posizione del pollice e del mignolo alla punta dell'arco (essi sono distesi)

ESERCIZI PRELIMINARI
PRELIMINARY EXERCISES

Controllare il giusto piegamento e la giusta distensione delle dita, in particolare del pollice e del mignolo a seconda del colpo d'arco.
Controllare altresì l'apertura del braccio dalla metà alla punta, mediante la spinta in avanti del gomito.
Anticipare con morbidezza tutti i cambi d'arco.

Control the right curved and the right stretched out of the fingers, particularly the thumb and the little finger.
Control the opening of the arm, from the middle to the tip, with a push forward of the elbow.
Anticipate with softness all the bow changes.

ESERCIZI CON 1°, 2° E 3° DITO
EXERCISES WITH 1st, 2nd AND 3rd FINGERS

Far cantare agli allievi i vari intervalli nell'ottava a loro più consona.
Ripetere ogni esercizio più volte e passare al successivo, solo dopo aver raggiunto una buona qualità di suono.

The student have to sing the intervals, in the octave that they prefer.
Repeat every exercise many times and play the next exercise, only when you can performe with a good quality of sound.

LO STACCATO DALLA METÀ ALLA PUNTA
MARTELLÈ FROM THE MIDDLE TO THE TIP

Poggiare l'arco alla metà e sentire che i crini hanno preso la corda; fare un movimento veloce in avanti del gomito con apertura del braccio alla punta (come se si volesse lanciare l'arco verso destra); sentire di nuovo il contatto dei crini con la corda e fare un movimento di ritorno veloce e pensando di mandare il gomito indietro (come se si volesse lanciare l'arco verso sinistra). Durante il movimento le dita dovranno essere abbastanza morbide, se così è, alla fine dell'arcata in su ci sarà un movimento di riflesso (assestamento) delle dita che si prepareranno quindi per la nuova arcata.

Put the bow at the middle and be sure that the hair is in contact with the string; do a speedy movement, pushing forward with the elbow, opening the arm at the tip (as you want to throw the elbow on the right); again try a real hair contact with the string, and do a quick return movement as to push with the elbow (as you want to throw the bow on the left). During the movement the fingers must be soft enough, so at the end of the up bowing there will be a reflex movement of the fingers (arrangement), that are ready again for down bowing.

LO STACCATO DALLA METÀ AL TALLONE
MARTELLÈ FROM THE MIDDLE TO THE FROG

Tutto come per lo staccato alla metà superiore, solo che qui partecipa al movimento anche il braccio, inoltre il gomito va indietro nell'arcata in giù e in avanti nell'arcata in su (anche qui alla fine dell'arcata in su, ci deve essere il movimento di riflesso (assestamento delle dita).

All the same that martellè to the upper half, but here you have to use the upper arm too; the elbow pushed back in down bow, and it pushed on in up bow (also in this bowing, at the and of the up bow, it will be a reflex movement of the fingers).

CAMBI DI CORDA CON LA MANO SINISTRA
LEFT HAND STRING CHANGES

Quando si cambia corda con le dita della mano sinistra, bisogna anticipare tale cambio con un movimento plastico del gomito verso sinistra, se si passa da una corda grave ad una acuta e verso destra se si passa da una corda acuta ad una più grave. Tale anticipazione va fatta mantenendo un'unica linea fra gomito e polso. Ciò presuppone che ci siano posizioni diverse del gomito a seconda di quale corda si sta suonando: gomito verso destra se si suona sul SOL, gomito verso sinistra se si suona sul MI.

When you change string with left hand, you have to anticipate the change with a plastic movement of the elbow on the left, if you change from a low string to an high one; instead if you change from an high string to a lower one, you have to do a soft movement of the elbow on the right. You have to this anticipation having an unique line between elbow and wrist. So we have different position of the elbow, if you play differentb string: elbow on the right if you play G string, elbow on the left if you play E string.

LA POSIZIONE DEL POLSO NEI VARI PUNTI DELL'ARCO
WRIST POSITION ON THE BOW, IN DIFFERENT POINTS

Il polso si trova leggermente sopra il gomito e le nocche, quando si suona al tallone e alla stessa altezza delle nocche man mano che si va verso la punta. Molto importante è ritornare gradatamente dalla posizione del polso alla punta, a quella del tallone (polso più alto). (Foto 7bis-8bis-9bis). Per avere una posizione naturale del polso, basta alzare il braccio destro mediante l'articolazione della spalla e lasciare cadere la mano verso il basso mediante il rilassamento dell'articolazione del polso, a questo punto si può impugnare l'arco al tallone con il pollice piegato (la punta del pollice deve essere a contatto

Wrist is a little above the elbow and knuckles, when you play at the frog, and it is at the same line of the knuckles when you go gradually towaed the tip. Very important is to return gradually, from the wrist position at the tip, to the wrist position at the frog (wrist higher). (Photo 7bis-8bis). To have a natural wrist position, you have to raiseyour right arm, with the shoulder articulation, and you have to let go down the hand, with the relaxation of the wrist articulation: now you can take the bow at the frog with the thumb curved (the tip of the thumb must be in contact with the lower part of the hide that is at

con la parte inferiore del pezzetto di pelle che avvolge l'arco al tallone), il mignolo piegato sull'arco, il medio e l'anulare piegati a contatto con il tallone e l'indice poggiato sull'arco all'altezza della terza falange, distante circa un centimetro dal medio. (Foto 4-5-7-10-13). Se si mantiene questa posizione naturale si vedrà che l'arco sarà rivolto verso la tastiera e poggerà sulla corda solo con una parte dei suoi crini; questa posizione è molto buona per suonare il piano al tallone. Per suonare forte bisognerà abbassare il polso e l'avambraccio, dando più peso sull'arco e suonando con più crini. Quando si suona forte bisognerà controllare con gli occhi rivolti verso la tastiera che la corda sia messa in vibrazione in maniera ampia e regolare; per far ciò bisogna pensare al movimento orizzontale del braccio e dell'avambraccio destro e trovare il giusto punto di contatto sulla corda, la giusta pressione e la giusta velocità d'arco. Anche nel forte al tallone, il polso si troverà sempre al di sopra delle nocche ed i crini e l'arco saranno sempre leggermente girati verso la tastiera. Non appena ci avviciniamo con l'arco alla metà ed alla punta, tutti i crini vengono a contatto con la corda e il pollice si distende e si allontana dai crini (a questo punto si avrà un'unica linea fra polso e nocche). Questi movimenti oltre a rispettare la naturale fisiologia, servono ad equilibrare lo scompenso di suono che c'è tra tallone e punta. Arco verso la tastiera al tallone: meno crini sulla corda (perché l'arco qui è più pesante). Polso alla stessa altezza delle nocche alla punta: tutti i crini a contatto della corda per ottenere più suono (perché qui l'arco è più leggero). (Foto 13-14).

nut of the bow), the little finger must be curved on the bow, the middle finger and the ring finger must be curved around the nut, and the index must be put on the bow about its 3rd phalanx, at about 1 cm from the middle finger. (Photos 4-5-7). If you have this natural position at the frog, you can see that the bow is on the string with only a part of hair; this is a good position to play piano, at the frog. To play forte, you have to put down the wrist and the forearm, fiving more heavyness on the bow, and playing with more hairs on the string. When you play forte pay attention, looking the string, it is in good and regular vibration; to have this, you must think about, the orizzontal movement of right forearm and upper arm, and as to have the right contact point of the bow on the string, the right pressure, and the right speed of the bow. Also when you play forte at the frog, the wrist is a little above the kcuckles, and the bow and hairs are a little turned toward the fingerboard. When during down bowing, we are near the middle the whole hairs, are in contact of the string, and the thumb stretched out, and move away from the hairs, (now we have only a line between wrist and knuckles). These movements reflect the natural physiology, and they are important to balance the sound difference between the frog and the tip. Bow turned to the fingerboard at the frog: not the whole hairs on the string (here the bow is heavier). Wrist at the same high of the knuckles at the tip: the whole hairs in contact of the string to have more sound (here the bow is lighter). (Photos 13-14).

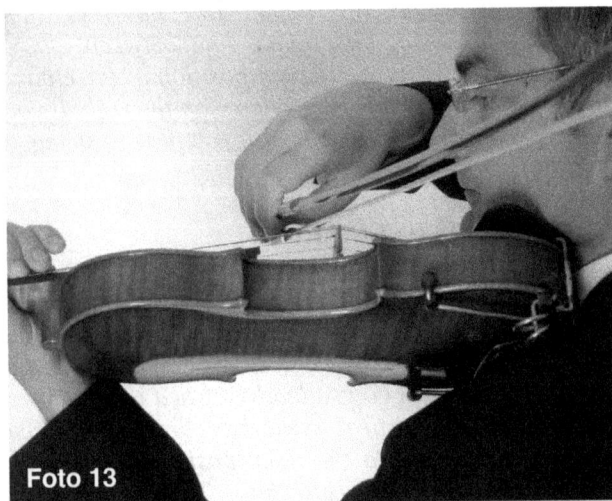

Foto 13

Al tallone l'arco è girato leggermente verso la tastiera ed i crini non sono tutti a contatto della corda.

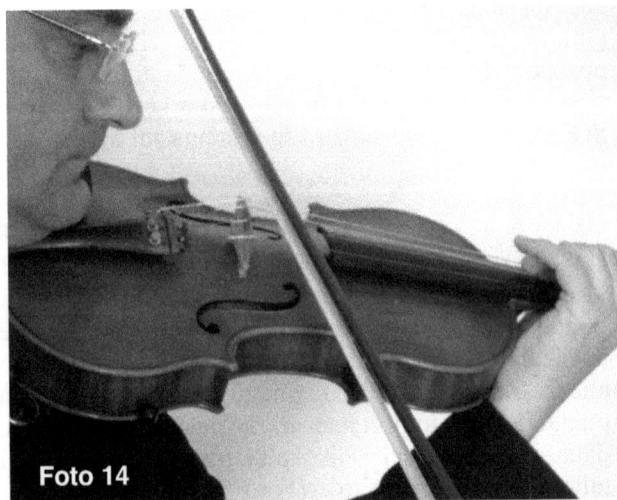

Foto 14

Alla metà ed alla punta tutti i crini sono a contatto della corda.

STUDIETTI CON IL 1° DITO

Eseguire alla metà, punta e tallone. abbassare il
primo dito al centro del polpastrello con la parte
carnosa. anticipare tutti i cambi di corda sia col
gomito destro che col sinistro.
Alcuni studietti si possono accompagnare con il
pianoforte, seguendo gli accordi scritti.

*Play at the middle, tip and frog. Put down 1st finger
at the centre of fingertip, with its fleshy part.
Anticipate all the strings changes, both with left
elbow and right one.
Some melodies, can be piano accompanied, with the
chords written under the music.*

ALLEGRETTO GIOCOSO

Come esercizio preparatorio eseguire staccato il
primo es. preliminare. Eseguire alla metà dell'arco
staccato.

*As a preparatory exercise, play staccato the 1st
exercise of the book. Play staccato at the middle of
the bow.*

STUDIETTI CON 1° E 2° DITO NELLA PRIMA APPLICAZIONE DELLE DITA
TUNES WITH THE 1ST AND 2ND FINGER IN THE FIRST APPLICATION OF THE FINGERS

Come esercizio d'intonazione si può abituare
l'allievo a mettere delle parole sotto queste melodie
per poi fargliele cantare.

*As intonation exercise you can put words under the
melody, and then you can sing it.*

STUDIETTO CON IL 1° 2° E 3° DITO
MELODY WITH THE 1ST 2ND AND 3RD FINGER

Cantabile

M.I.   T.A.

STUDIETTI SULLO STACCATO

Eseguire da poco prima della metà fino alla punta.

sempre staccato

Tutti i brani in forma di duetto da qui fino a Dona nobis pacem, vanno eseguiti facendo suonare all'allievo sempre le corde vuote, anzichè il 4° dito, per facilitarne l'intonazione.

All the duets tunes, from this to Dona nobis pacem, they have to be played with open string, instead 4th finger, to have a good intonation.

JINGLE BELLS

Per lo studio della prima applicazione delle dita.

Studying the first fingers application

FRA MARTINO

OH SUSANNA

Tradizionale americano

IL CUCÙ

Dividere l'arco in 3 parti uguali (tallone-metà-punta).

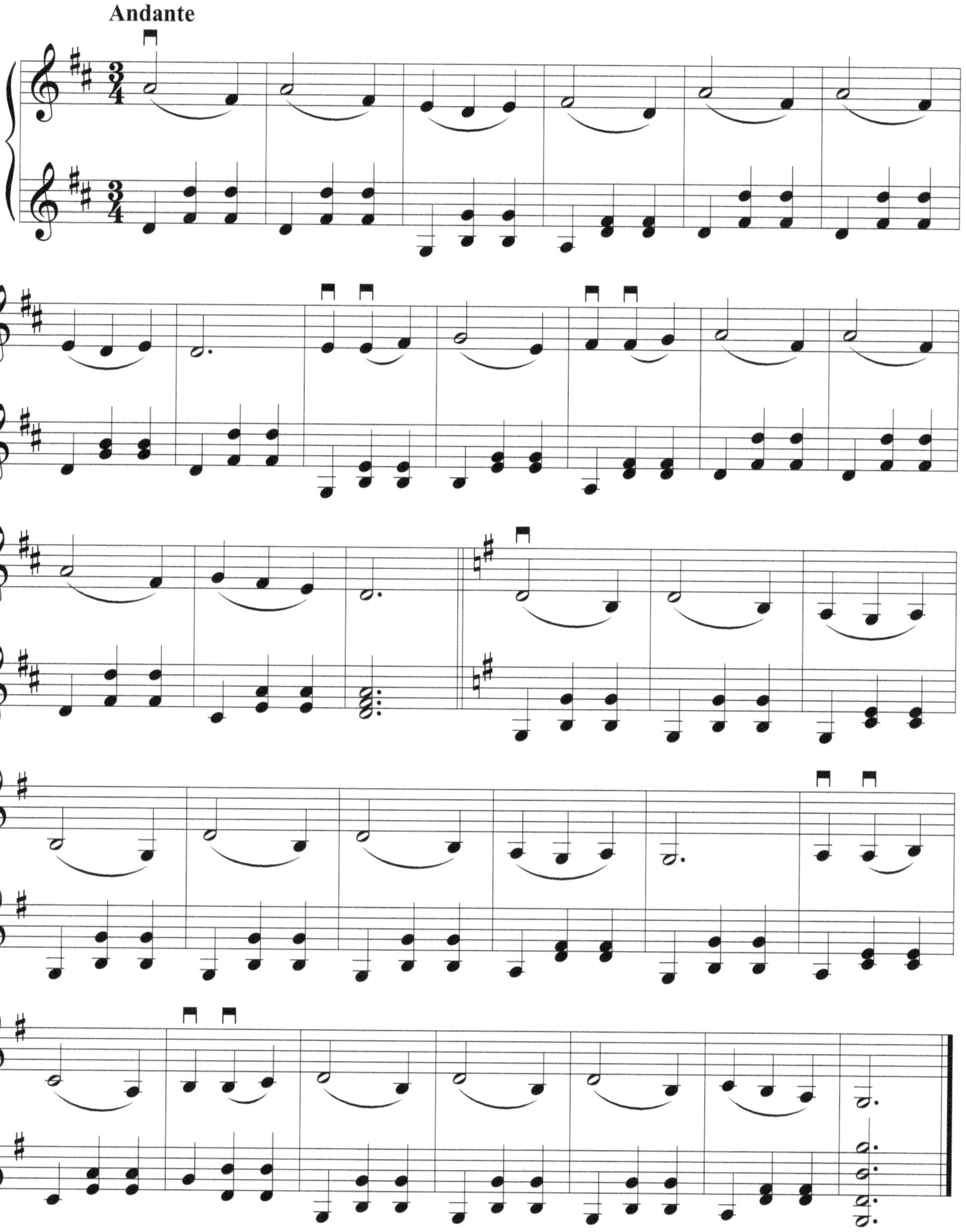

ESERCIZI PER METTERE Il 4° DITO
EXERCISE TO PUT DOWN THE 4TH FINGER

Studiare anche iniziando in su alla punta.

MV16MCV1

ESERCIZI CON 4º DITO
EXERCISES WITH 4TH FINGER

Quando ci sono 2 o più note legate per arcata, fare attenzione a che la corda non smetta di vibrare tra una nota e l'altra.

When you have to play two or more notes a bowing, be attention that the string doesn't stop to vibrate between a note and another.

Iniziare anche in su alla punta.

T.A.   M.S.   T.A.   M.I.

T.A.

22

Esercizi sul Re

ESERCIZI COL 4° DITO SULLA CORDA SOL
PRELIMINARY EXERCISES ON G STRING

Gli esercizi preliminari vanno eseguiti isolatamente uno alla volta. Gli allievi dovranno mettere personalmente le dita su ogni nota, finchè la corrispondenza segno-dito-suono non diverrà immediata.

The student must finger the exercise to have a good connection sign-finger-sound.

Eseguire anche in su alla punta.

T.A.   M.S.   T.A.   M.I.

STUDIETTO CON 1° 2° 3° 4° DITO NELLA PRIMA APPLICAZIONE DELLE DITA
MELODY WITH 1ST 2ND 3RD AND 4TH FINGER IN FIRST APPLICATION OF THE FINGERS.

ESERCIZI PER L'ARTICOLAZIONE DELLE DITA DELLA MANO SINISTRA
EXERCISES ARTICULATION OF LEFT HAND FINGERS

Per abbassare le dita, alzare anche tutte le altre dita che già non sono sulla tastiera.

Quando si suonano i Si naturali, spingere col gomito in avanti aprendo il braccio.

Nel levare dalla corda le dita con l'asterisco pensare di fare un leggero pizzicato di mano sinistra.

Eseguire questo esercizio anche due note legate e due note sciolte e quattro note legate per arcata.

MV16MCV1

26

Eseguire questo esercizio anche due note legate e due note sciolte e quattro note legate per arcata.

Eseguire questo esercizio anche due note legate e due note sciolte e quattro note legate per arcata.

JOHN BROWN

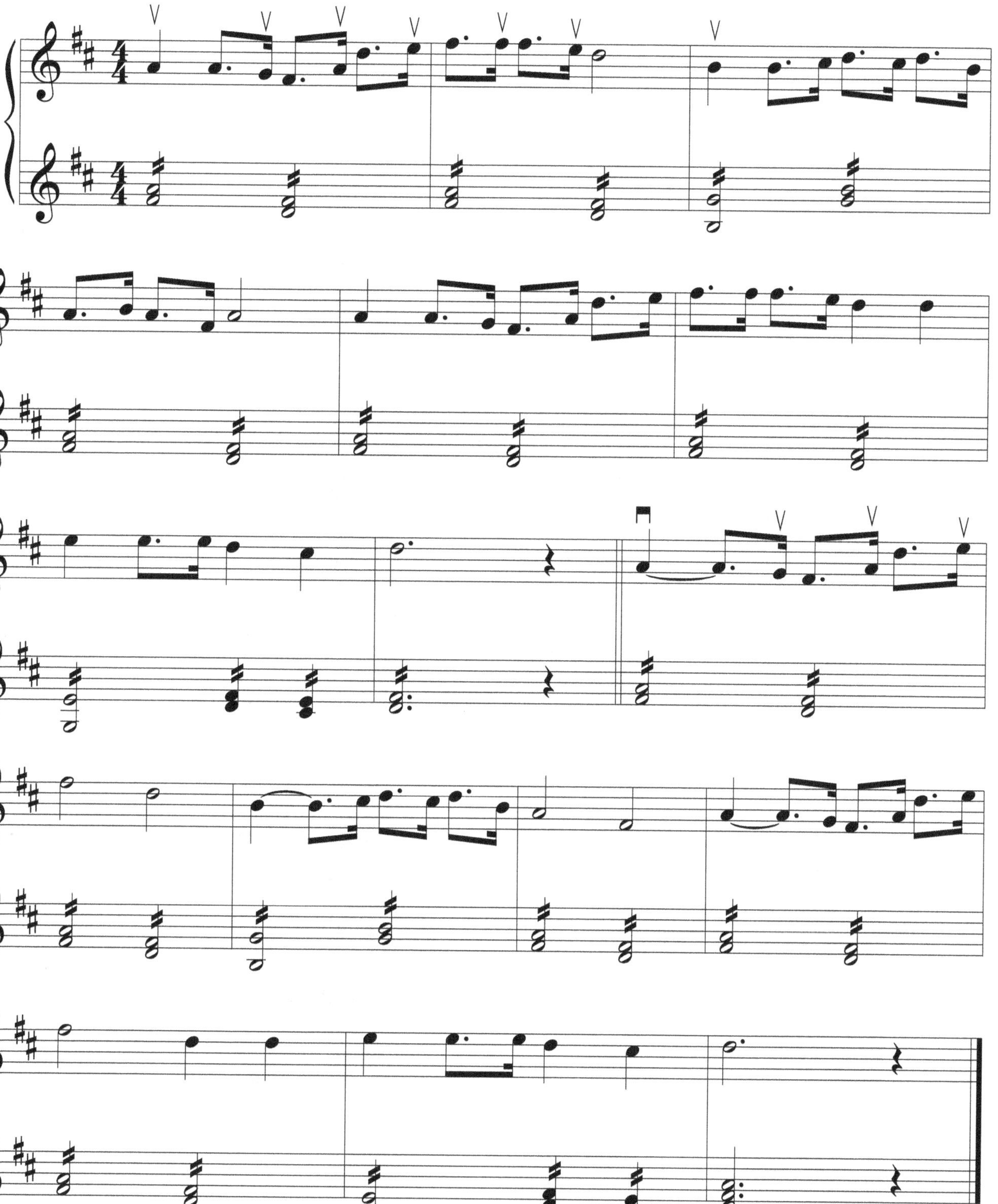

USO DEL GOMITO, DEL POLSO E DELLE DITA, SUONANDO LE 4 DITA IN PRIMA POSIZIONE.
USE OF ELBOW, WRIST AND FINGERS,PLAYING DIFFERENT FINGERS APPLICATION IN FIRST POSITION.

Nella prima applicazione delle dita sulla corda RE (MI - FA# - SOL - LA), tutte le dita vanno abbassate al centro del polpastrello o leggermente verso sinistra; in questa prima applicazione solo il 3° dito va messo a martello, le altre dita si poggiano arrotondate. (Foto 15).

Nel caso di passaggio cantabile sarà bene "spianare" anche il 3° dito in modo da toccare la corda con la parte più carnosa del polpastrello e quindi avere il più bel suono possibile. Per passare dal 1° al 4° dito il gomito e il polso della mano ruotano dolcemente e gradatamente verso l'interno, ovviamente si ha il processo contrario nel suonare dal 4° al 1° dito, questo movimento del gomito è molto utile per le mani di grandezza normale, in quanto permette di abbassare il 4° dito senza sforzo. Per quanto riguarda la seconda applicazione delle dita (MI - FA – SOL - LA), bisogna pensare di abbassare il 2° dito ed il 3° dito a martello, per una corretta intonazione dei toni e semitoni; ovviamente anche in questo caso quando c'è un cantabile sarà bene abbassare le dita non a martelletto. (Foto 16).

Questa applicazione delle dita è molto difficile da suonare tenendo contemporaneamente tutte le dita sulla tastiera, in quanto il medio, l'anulare ed il mignolo che sono tenuti insieme da un'unica fascia muscolare, devono allontanarsi l'uno dall'altro, in maniera quindi non naturale. Per suonare le quattro dita contemporaneamente e senza sforzo, bisogna tenere il polso cadente all'indietro, in maniera naturale, lasciare molto spazio tra pollice e manico del violino (mai il polpastrello del pollice dovrà toccare il

Foto 15

Prima applicazione delle dita.

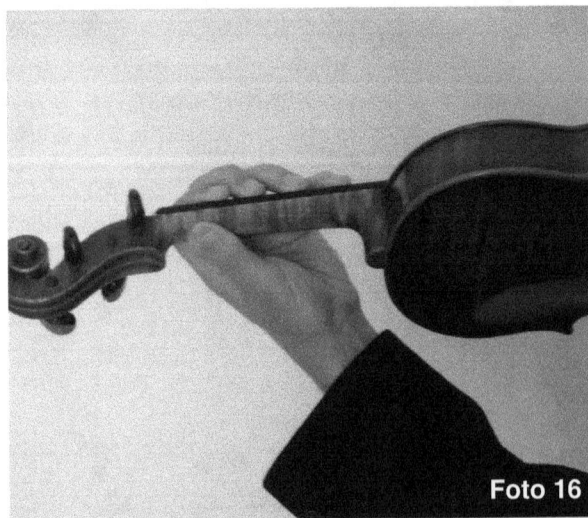

Foto 16

Seconda applicazione delle dita.

In first fingers applications on D string (E - F# - G -A), all the fingers must be put down at the center of the tip-finger or a little left from the centre; in this first application, only 3rd finger must be put down in a "hammer-way", the other fingers must be put down in a soft curved way. (Photo 15).

When you play a cantilena passage, it is good to put down, also the 3rd finger in a soft curved way, to play with the fleshy part of the tip-finger, to have the beautiful possible sound. To go from 1st to 4th finger, the elbow and the wrist turn in a inner soft way, and vice versa when you play from 4th to 1st finger; this elbow movement is important in the case of normal size hand, to put down all the fingers without strain. About the second application of the fingers (E - F - G - A), you have to put down 2nd and 3rd finger in a hammer-way, to have a good intonation of tones and semitone; obviously in a cantilena passage, you must put down all fingers in a soft curved way. (Photo 16).

The second fingers application, is very difficult to play with all fingers put down on the fingerboard, because the middle finger,the ring finger and the little finger, are togheter surrounded by a unique muscle, so they must stay to a tone distance, in a not natural way. To play all the fingers at the same time, without any stress, you have to put down the wrist in a natural way, leave a big distance from thumb and neck of violin (never the thumb calf, must touch the neck); you have to keep in mind stretching out 3rd finger from 4th one,and stretching out 2nd finger from 3rd one, not the opposed movements.

manico) e pensare all'allungamento all'indietro del 3°
dito dal 4° e del 2° dal 3°, non il contrario (aiutarsi
anche con il gomito a seconda delle circostanze). Per
suonare le applicazioni delle dita dove c'è il 1° dito
indietro (MI b – FA – SOL - LA) bisogna lasciare
cadere all'indietro il polso finché il primo dito non si
trova all'inizio della tastiera ed in modo "spianato",
non a martelletto. Come regola generale per gli
allungamenti in prima posizione bisogna sempre
pensare di tenere il polso cadente all'indietro e
pensare soprattutto all'allungamento all'indietro del
1° e del 2° dito, anziché all'allungamento in avanti
del 4° dito.

*(You can also help yourself with the elbow,as you
need): To play finger applications with 1st finger at
the begin of the fingerboard (Eb - F - G - A), you
have to put down the first finger in a smooth way, not
in a hammer-way. As a general rule about stretching
in 1st position, you have to keep in mind about
stretching back of 1st and 2nd finger, than stretching
on 4th finger.*

ESERCIZIO PER LA 2ª APPLICAZIONE DELLE DITA
EXERCISE STUDYING SECOND APPLICATION OF THE FINGERS.

SANTA NOTTE

Controllare che la corda non si fermi di vibrare nel legato.

Be sure that string don't stop to vibrate, during slurs notes.

DUETTO TRATTO DAL TEMA DELL'AUTUNNO
DI A. VIVALDI

Usare molto arco per il forte e poco arco per il piano. Assicurarsi che l'allievo sappia solfeggiare i vari brani, prima di iniziarne lo studio al violino.

Use a big bow playing forte and a little one to play piano. Make sure, that students are able to sol-fa the melody, before studying with violin.

JINGLE BELLS

Per lo studio della seconda applicazione delle dita.

Studying second application of the fingers.

Allegro

JESSE JAMES

34

ESERCIZI SULLA SCALA DI SOL MAGGIORE

T.A.M.S. T.A.M.I.

metà, tall., punta

tallone, poi punta iniziando un su

MV16MCV1

T.A., dividendo l'arco in 4 parti uguali

⑩

* Per non esagerare con la pressione delle dita sulla corda, pensare di suonare su una tastiera fatta di "gomma".
** Nell'alzare le dita pensare ad un leggero pizzicato con la mano sinistra verso l'esterno.
8 note legate: nell'arcata in giù il gomito sinistro va gradatamente verso sinistra, mentre il destro si abbassa gradatamente.

ARPEGGI IN SOL MAGGIORE

Anticipare i cambi di corda sia col gomito sinistro che col destro.

①

Salti di Terza.

②

Eseguire anche 4 note legate per arcata.

③

Eseguire anche sciolto al tallone, metà e punta, utilizzando il movimento di piegamento e distensione delle dita della mano destro.

④

SCALA DI LA MAGGIORE

Eseguire anche: una minima e due semiminime; due semiminime ed una minima.

①

Eseguire anche alla punta in sù. Eseguire anche due note legate, due note legate e due sciolte, due sciolte e due legate e quattro note legate per arcata.

②

Nell'arcata in giù, il gomito sinistro va gradatamente verso sinistra, mentre il destro si abbassa gradatamente. Nell'arcata in sù, il gomito sinistro va verso destra ed il gomito destro si alza gradatamente.

③

ARPEGGI IN LA MAGGIORE

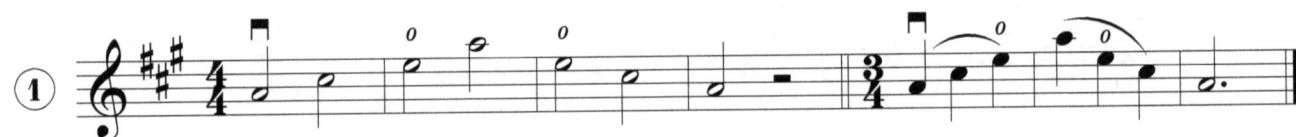

①

②

Eseguire anche 4 note legate per arcata.

③

Eseguire anche sciolto al tallone, metà e punta (iniziando in sù). Articolare molto le dita e pensare ad una tastiera fatta di materiale gommoso.

④

SCALA DI RE MAGGIORE

Studiare anche, una minima e due semiminime, due semiminime ed una minima, che due semiminime ribattute per ogni nota e ripetere il tutto suonando le semiminime staccate.

Studiare anche, due note legate per arcata, due note legate e due sciolte, due sciolte e due legate e 4 note legate per arcata.

ARPEGGI IN RE MAGGIORE

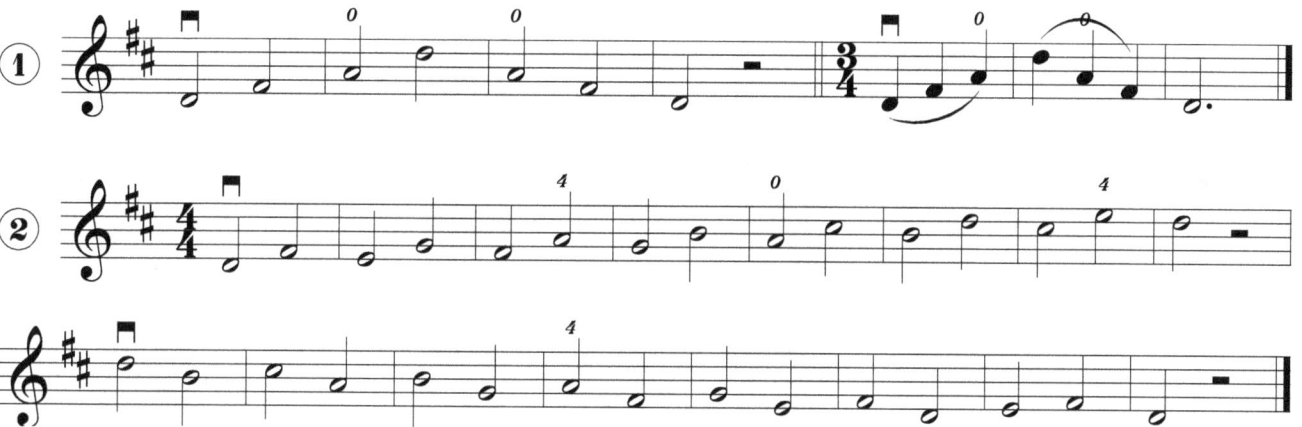

Eseguire anche 4/4 per arcata

Eseguire anche legate a due battute.
Eseguire anche sciolto al tallone, metà e punta (iniziando in sù)

SCALE ED ARPEGGI A DUE OTTAVE IN PRIMA POSIZIONE

Da eseguire sciolte T.A. due, quattro e otto note legate per arcata; per le scale più semplici dodici note per arcata. Due note legate seguite da due sciolte (T.A. M.S. T.A. M.I.); poi al tallone metà e punta eseguendo velocemente. Due note sciolte seguite da due note legate (eseguire questi colpi d'arco anche iniziando).

Two octaves scales: play with the whole bow. Then play with different bowing.

IL LAGO DEI CIGNI

P. I. Tchaikovsky

TEMA TRATTO DAL LAUDARIO DI CORTONA
"DOLCE SENTIRE"

Per lo studio del Fa naturale: 1° dito indietro sulla corda Mi.

Studying F natural, 1st finger back on E string.

Arr. M. Cassandra

Il tremolo si esegue alla punta dell'arco, con un movimento velocissimo delle dita e del polso. Usare tale colpo d'arco per scaricare tensione e non per accumularla (quindi legamenti "liberi").

Play the tremolo at the tip, with a rapid movement of the fingers and wrist. Use this bowing to unload tension and not accumulate tension (then you must have free ligaments).

MV16MCV1

TE VOGLIO BENE ASSAJE

Anonimo
Arr. M. Cassandra

* Mettere il Do a martello e il Sol# arrotondato.
** Iniziare il tremolo avvicinandosi con l'arco alla metà superiore; fermare l'arco prima del successivo V◻ staccato.

TRISTEZZA

F. Chopin

* Tirare l'arco lentamente e vicino al ponticello, controllando che la corda non smetta di vibrare fino alla fine della nota.
** Non appiccicarsi troppo con la seconda falange dell'indice al manico del violino.

TE DEUM
Duetto liberamente tratto dal PRELUDIO AL TE DEUM

M. Charpentier
Arr. M. Cassandra

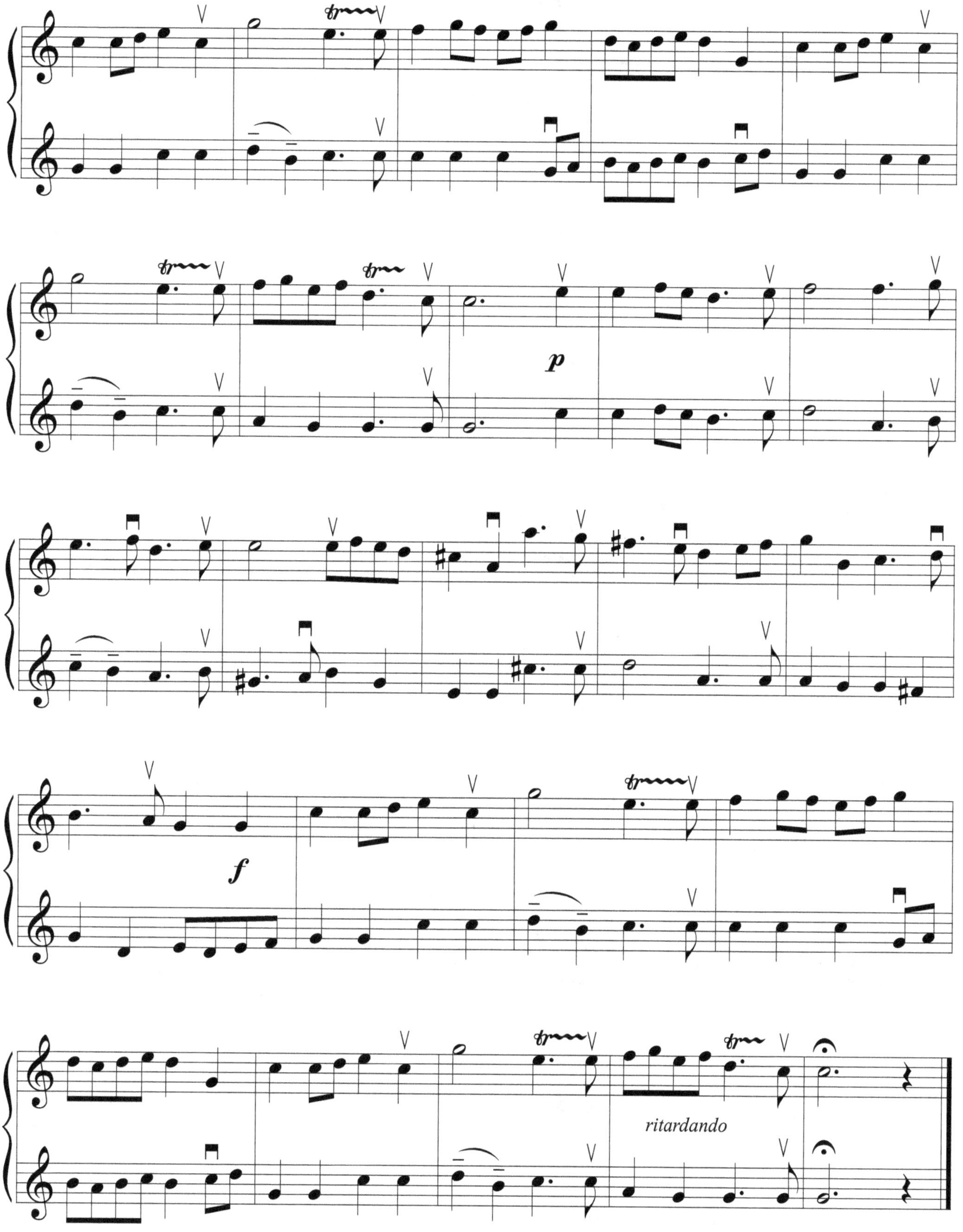
p
f
ritardando

SCALE E ARPEGGI

DONA NOBIS PACEM

Anonimo
M. Cassandra

Lento

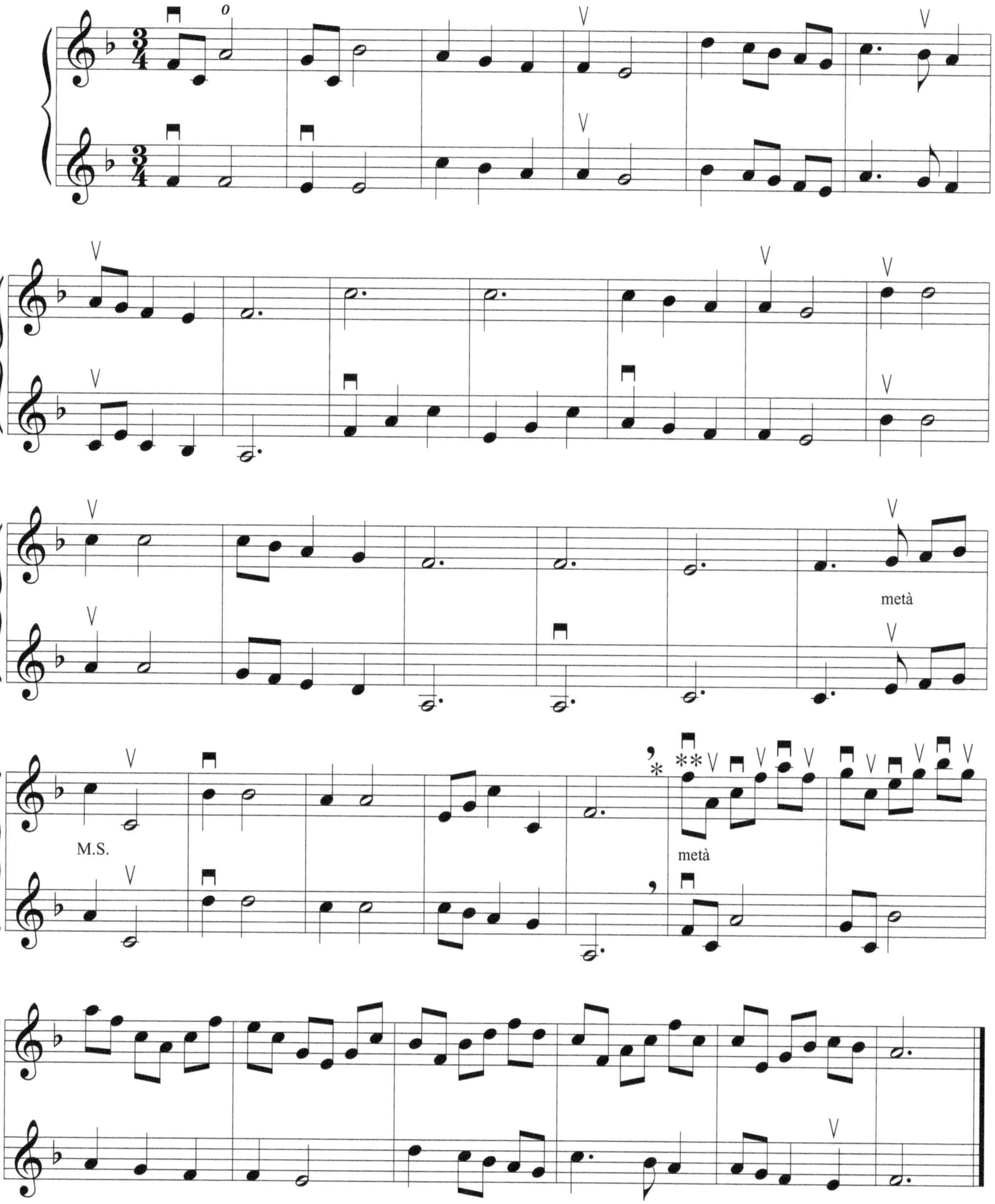

ROMANZA IN FA MAGGIORE PER VIOLINO

L. W. Beethoven

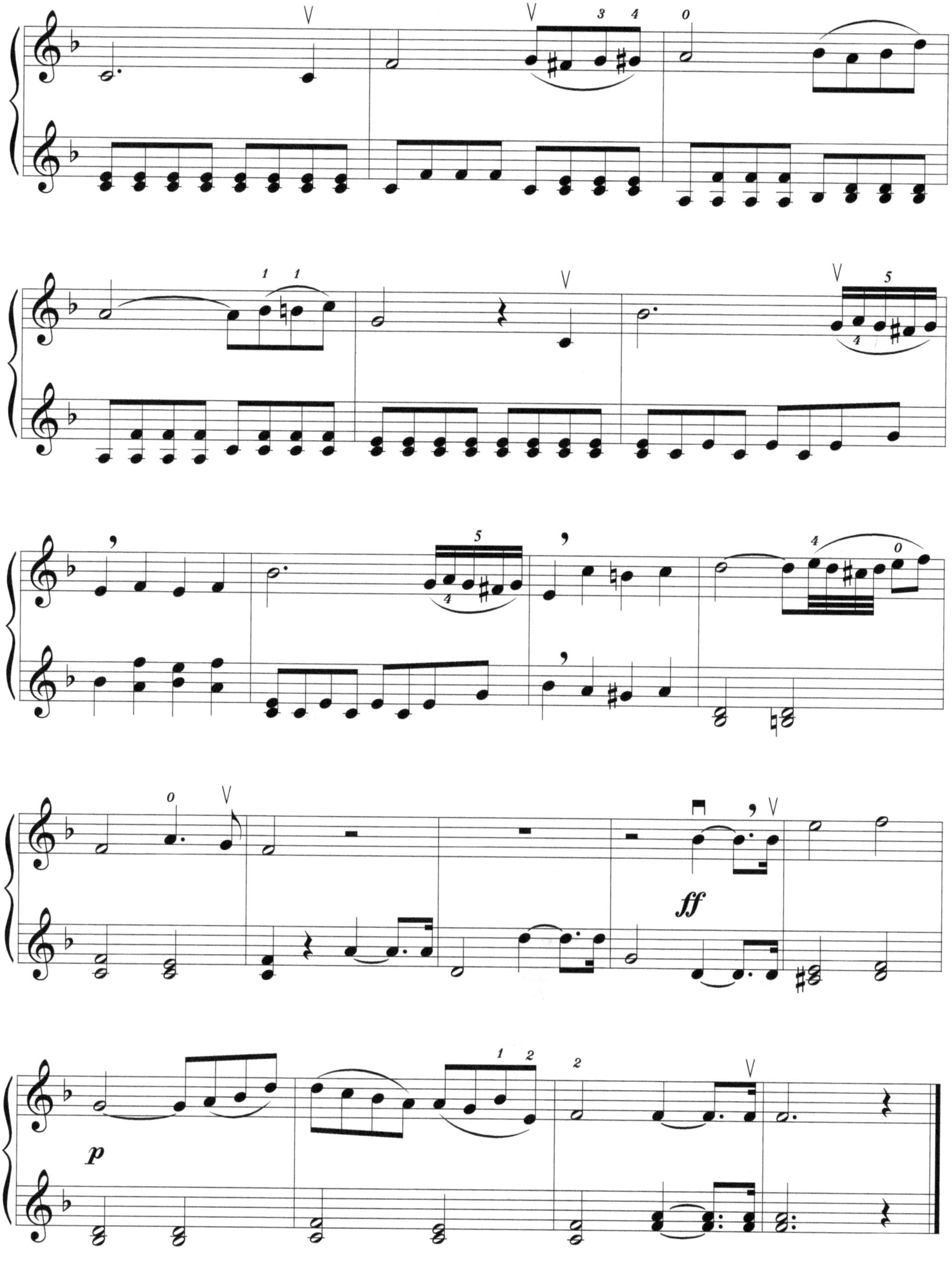
ff
p

PREPARAZIONE ALLE DOPPIE CORDE
PREPARATORY EXERCISE TO DOUBLE STOPS
ESERCIZIO PREPARATORIO AL PICCHETTATO
PREPARATORY EXERCISE TO PICCHETTATO

A) Tirare l'arco velocemente, aprendo il braccio in avanti verso la punta.

B) Suonare queste tre note staccate, dalla punta alla metà pensando ad ogni nota di mandare il gomito indietro. Tra una nota e l'altra ci sarà l'assestamento di riflesso delle dita.

Dopo la terza nota braccio ed avambraccio sono ad angolo retto.

C) Suonare queste tre note staccate, dalla metà al tallone, pensando di spingere col gomito avanti e verso sinistra. Le dita dovranno essere abbastanza morbide in modo da assestarsi ogni volta, durante la pausa tra una nota e l'altra.

A) Go very quickly from the frog to the tip, opening the arm at the tip of the bow.

B) Play these 3 notes staccato, from the tip to the middle, keeping in mind to push back with the elbow at every note. Between a note and another it will be a finger reflex movement. After the 3rd note, forearm and upper arm are in a right angle.

C) Play these 3 notes staccato, from the middle to the frog, keeping in mind to push on with the elbow in the left direction. Keep the fingers soft enough, so to have a reflex movement between a note and another.

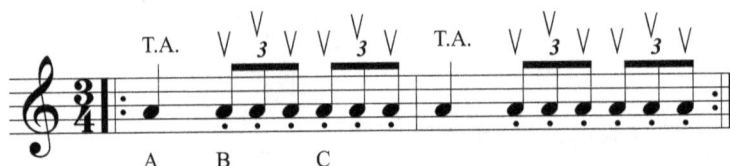

STUDIETTO PER IL PICCHETTATO

DUETTO
Liberamente tratto dalla "Primavera"

A. Vivaldi
Adattamento di M. Cassandra

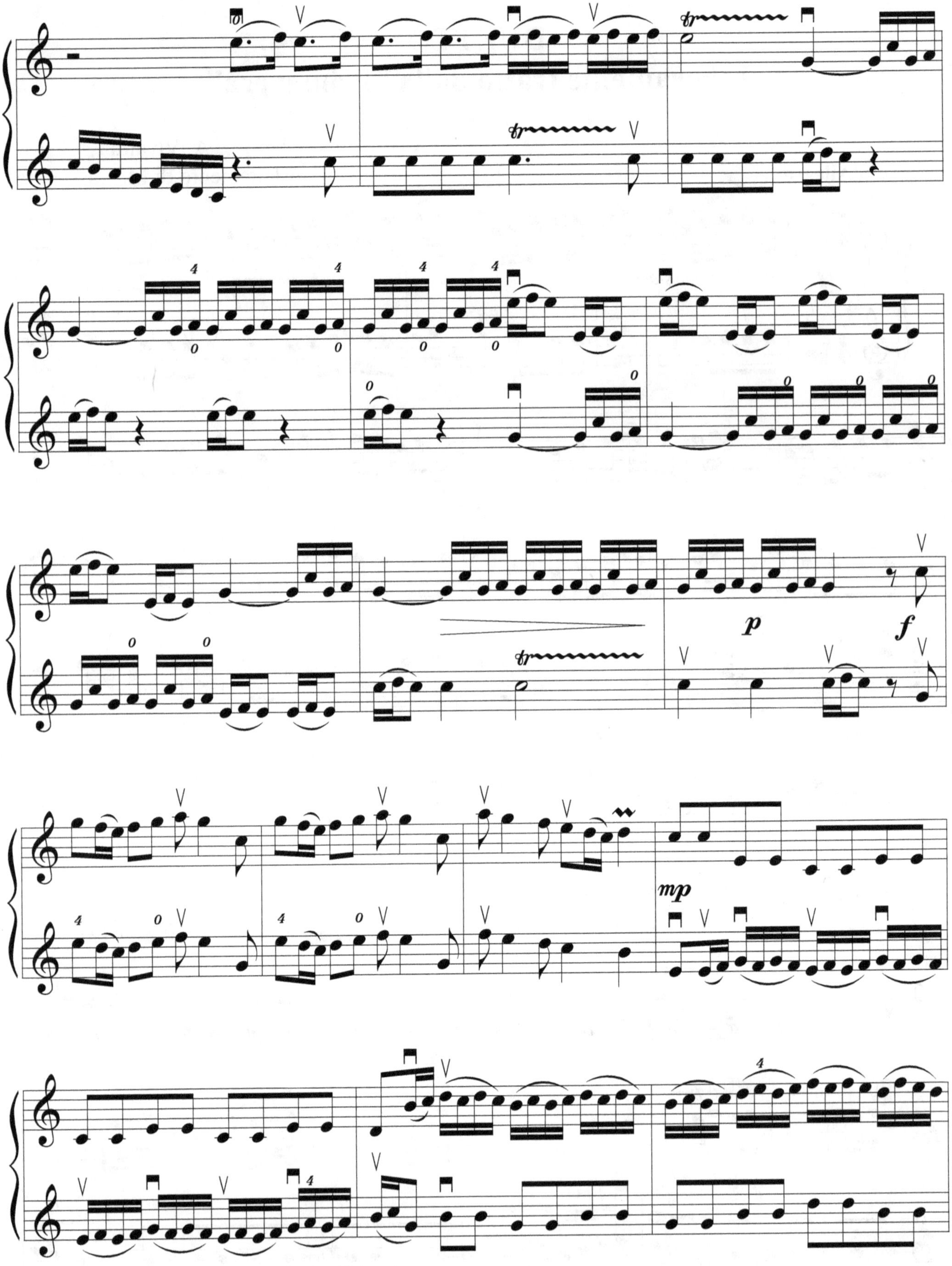
p
f
mp

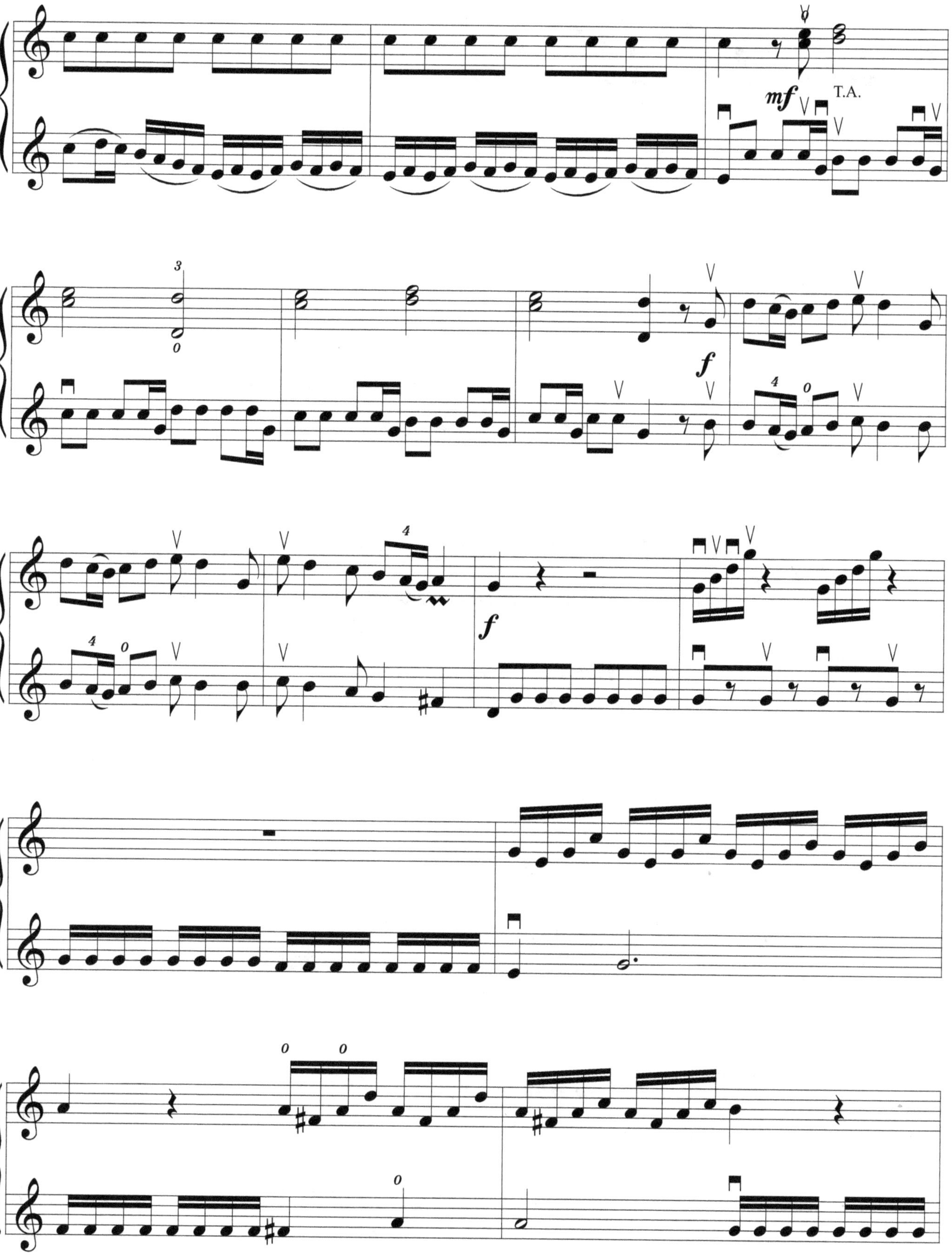
mf
T.A.
f
f
f

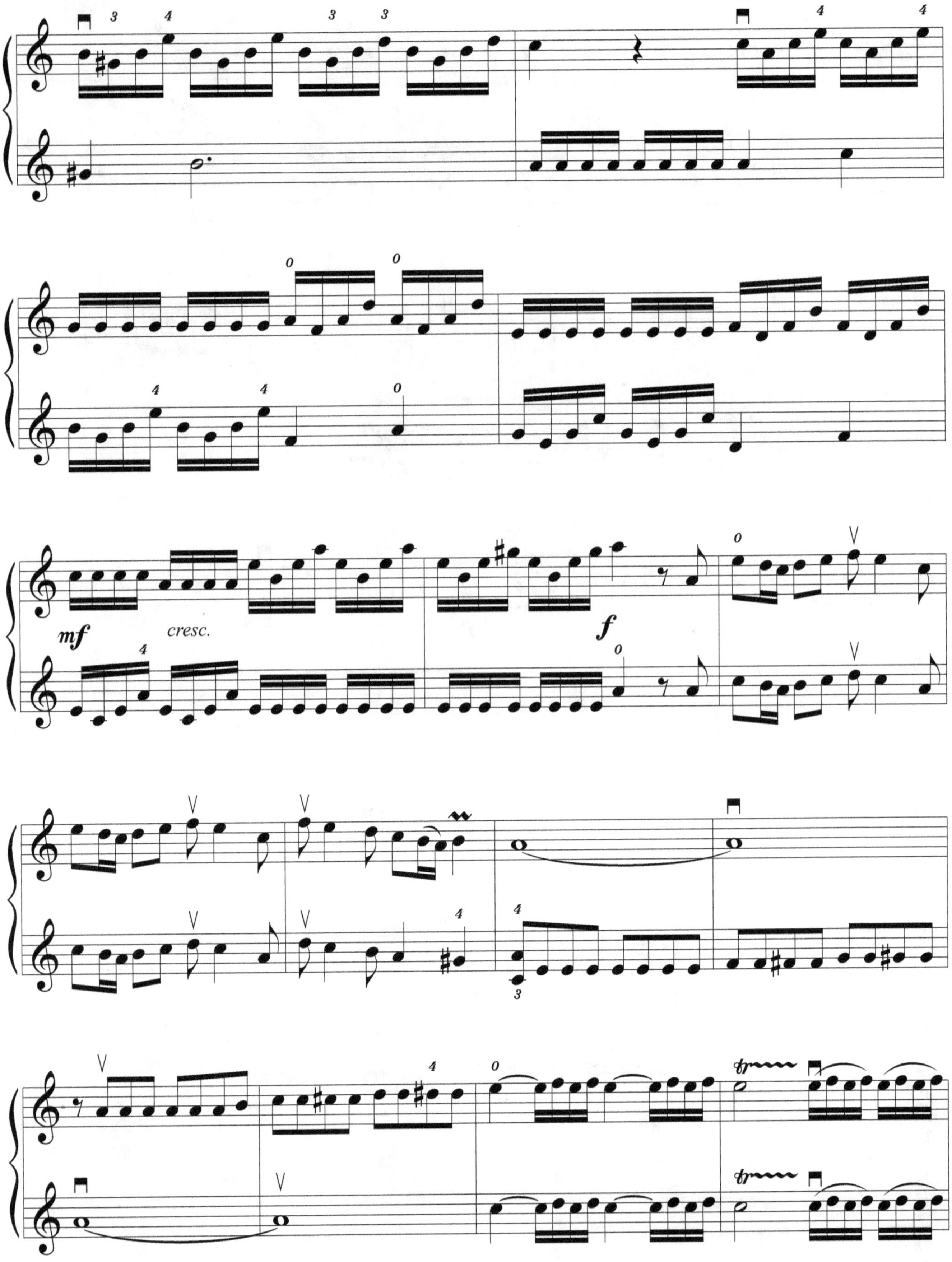
mf
cresc.
f

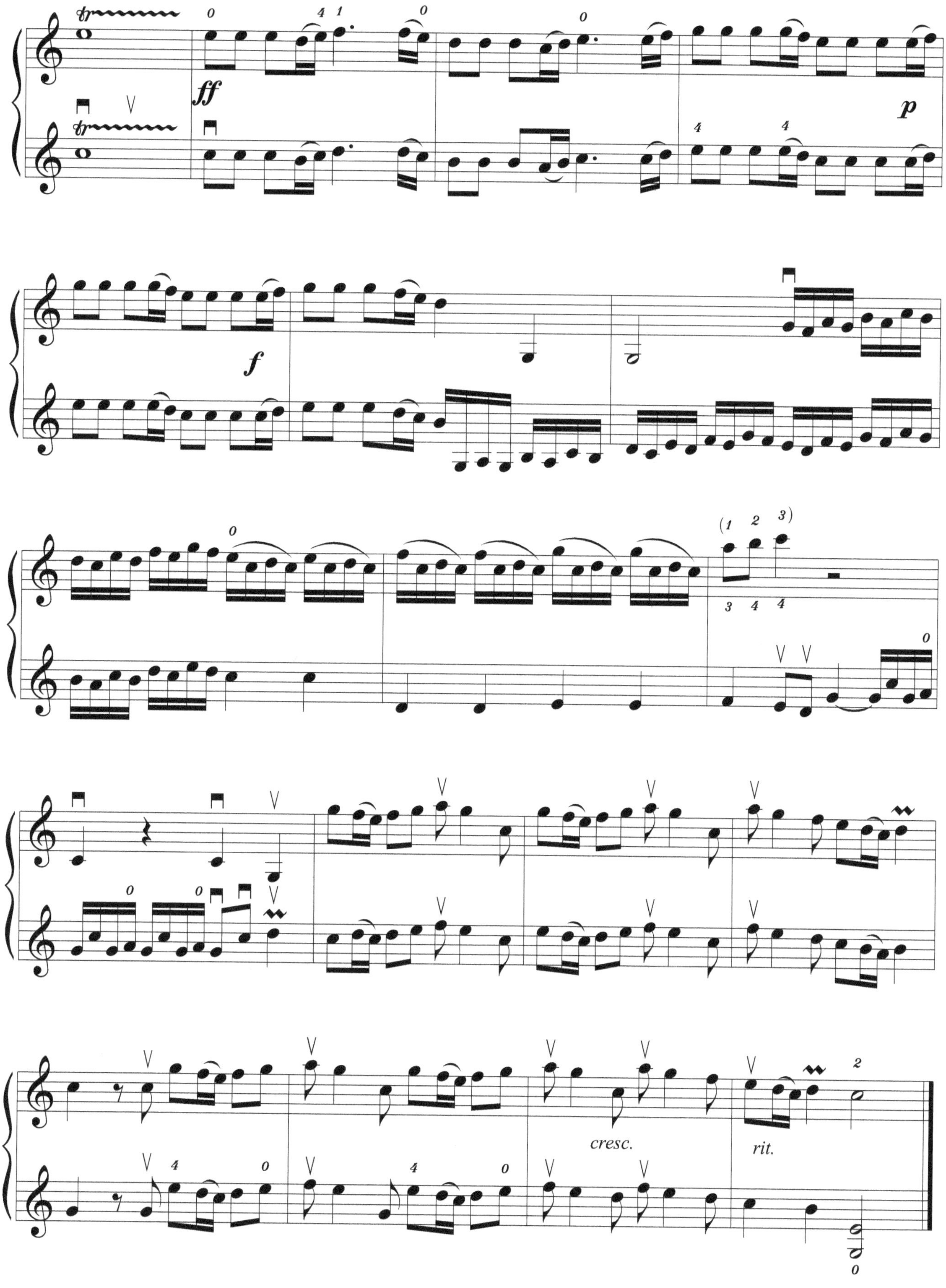
ff
p
f
cresc.
rit.